D1725696

EXPERT EN ÉVOLUTION PROFESSIONNELLE

Bilan de compétences - Les cahiers de la méthode Quater®

La méthode Quater® comprend 6 étapes. Chacune est illustrée par un cahier qui contient des informations et des questionnaires (ou "mini tests"), ainsi que des références ou des liens vers d'autres sources d'information.

Les 6 étapes

Étape 1 :
Changements

Étape 2 :
Sens et valeurs

Étape 3 : Besoins & types
de personnalité

Étape 4 :
Analyse des possibles

Étape 5 : Ressources,
aptitudes et compétences

Étape 6 : Détermination
d'objectif et plan d'action

Quater

« *Rien n'est permanent sauf le changement.* »
Bouddha

Quater

« *Rien n'est permanent sauf le changement.* »
Bouddha

Quater

SOMMAIRE

« Choisissez un travail que vous aimez et vous n'aurez pas à travailler un seul jour de votre vie. »

Confucius

LA MÉTHODE D'ORIENTATION QUATER®

Le cabinet Quater a été créé en 2002 par Jean Christophe Aicard qui avait alors déjà accompagné plus de 3 000 personnes en situation d'évolution professionnelle. Cette expérience est le socle de notre expertise. Elle nous a permis de développer la meilleure méthode d'accompagnement possible à nos yeux, et c'est cette méthode que vous avez choisie pour réussir votre évolution professionnelle.

Grâce à elle, vous disposez des informations éclairantes pour votre situation, vous identifiez les bonnes attitudes et les bonnes stratégies, faites les bons choix.

Sa finalité est votre réussite.

Votre réussite dans le domaine professionnel : exercer un métier qui vous rend heureux.

COMMENT AVONS-NOUS ÉLABORÉ CETTE MÉTHODE?

LE SUJET, LE CADRE ET L'INSPIRATION

> « Rien n'est permanent sauf le changement. »
> Héraclite d'Ephèse

LE SUJET

On aurait pu dire que le sujet, c'est le choix. Mais la difficulté de notre époque, c'est de faire des choix dans une période incertaine. Donc, de gérer le changement. De notre point de vue, le sujet c'est le changement.

Lorsqu'on s'engage dans une démarche de bilan de compétences, c'est qu'on a déjà admis qu'il y avait quelque chose à changer. Mais le changement est à la fois inévitable (tout change tout le temps, plus ou moins vite) et incertain ou inquiétant (incertain de changer pour mieux et inquiétant de changer pour pire).

Dans le domaine professionnel, le changement est souvent imposé. Nouvelles normes, nouveaux produits, nouveaux objectifs, nouvelle organisation, nouveaux recrutés ...

Le sujet du changement est très suivi et donne une incroyable quantité de prestations en formation et en management, et de communications sur les outils ou méthodes pour accompagner le changement ou vaincre les « résistances au changement ».

La question est de faire accepter le changement par l'ensemble des personnes concernées, ou par une part suffisamment importante de ces personnes.
On parle de changement mais il s'agit surtout de faire changer les autres.

Pour avoir une idée du niveau de contrainte que cela implique, on peut voir le succès des « étapes du deuil » de Kübler-Ross dans la communication sur l'accompagnement du changement dans les organisations :

Quater 🌿

Version humoristique

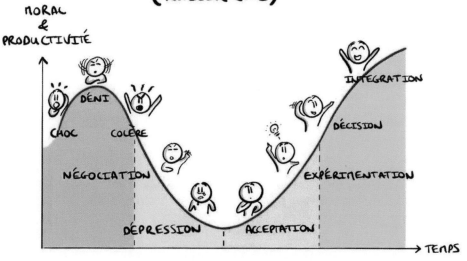

ÉTAPES DU CHANGEMENT
(KÜBLER ROSS)

MORAL & PRODUCTIVITÉ

CHOC — DÉNI — COLÈRE — NÉGOCIATION — DÉPRESSION — ACCEPTATION — EXPÉRIMENTATION — DÉCISION — INTÉGRATION

TEMPS

@BLOCULUS

Version consultant en management

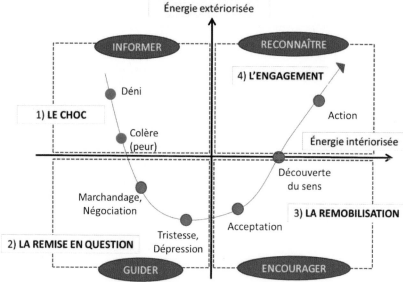

Énergie extériorisée

INFORMER — RECONNAÎTRE

4) L'ENGAGEMENT

Déni

1) LE CHOC

Colère (peur)

Action

Énergie intériorisée

Marchandage, Négociation

Découverte du sens

3) LA REMOBILISATION

Tristesse, Dépression

Acceptation

2) LA REMISE EN QUESTION

GUIDER — ENCOURAGER

Elisabeth Kübler-Ross est une psychiatre Suisse qui a travaillé sur le deuil, et les effets psychologiques de la mort d'un être cher. Comparer un changement d'organisation à la mort d'un être humain nous semble plutôt exagéré, et c'est sans doute le signe que les idées de départ sur le travail et le changement ont quelque chose qui porte à faux.

Quater

LE CHANGEMENT

Nommer le sujet ne suffit pas : il faut encore s'entendre sur ce dont il est réellement question.

Ice Cream Debate

Un autre exemple sur les malentendus possibles quand on parle de changement, c'est le « Ice Cream Debate ». C'est une scène du film « Merci de fumer » dans laquelle le héros (lobbyiste de l'industrie du tabac) mange une glace avec son fils. Ils sont assis à une table dans un lieu public et le père tente d'expliquer son métier à son fils. Un élément important de son métier, c'est de mener des débats. Et de gagner les débats.

Il est encore question de changement : l'enjeu d'un débat est de nous faire <u>changer</u> d'avis. Pour l'exemple, la question est de déterminer le meilleur parfum pour une glace. Père et fils discutent âprement pour défendre le chocolat ou la vanille. Au final, le père défend la diversité des parfums contre le choix de son fils. Le fils répond qu'il continu de préférer le chocolat, son père ne l'a pas convaincu et n'a pas emporté le débat.

À ce moment, le père montre tous les gens autour et explique qu'il n'a pas débattu pour convaincre son fils qu'il y a mieux que le chocolat, mais pour convaincre tous les autres de l'importance du libre choix.

L'extrait du film qui représente cette scène est facile à trouver sur le web.

Cette scène est emblématique en ce sens que, les protagonistes débattent loyalement d'un même sujet, mais avec une vision du monde totalement différente : le fils défend son opinion et sa préférence, le père défend une valeur universelle.

Encore un exemple, tiré cette fois d'une conférence donnée en 2014 à l'université de Nantes par le psychologue Roland Gori, avec pour titre « la fabrique des imposteurs ».

L'orateur, des plus sérieux, raconte une histoire drôle :

« Le même jour, du même village, le curé, un homme pieux et bon, et le chauffeur de taxi, un ivrogne impénitent, arrivent devant les portes du paradis. Le chauffard est reçu par Saint Pierre qui lui ouvre les portes, et, le félicitant, lui remet un bâton d'or et un manteau d'hermine. Au curé aussi, Saint Pierre ouvre les portes. Il le félicite également et lui remet un bâton de buis et un manteau de laine.

Le curé, bien heureux mais surpris, interroge Saint Pierre sur la différence de traitement et la différence de mérite : le curé a servi sa paroisse toute sa vie durant, vie par ailleurs exemplaire, le chauffeur lui n'est même pas taxi : il a tiré sa licence d'un honnête homme en trichant aux cartes, il n'a jamais cessé de boire même et surtout au volant, il a écrasé plus d'un piéton … « Pourquoi est-ce c'est lui qui reçoit l'or et l'hermine et pas moi ? »

Saint Pierre lui répond : « Ton église n'était pas bien pleine, quand tu faisais tes sermons, les fidèles s'endormaient … lui, chaque fois qu'il faisait ronfler le moteur de son taxi, tout le monde se mettait à prier. »

Ce n'est plus la qualité de l'émission qui compte, mais le taux d'audience. »

Quater

Notre sujet n'est pas le changement qui vous arrive mais celui dont vous êtes l'acteur.

Le changement (ou les changements) dont vous pouvez décider vous-même est déjà un sujet complexe. Nous nous trouvons bien souvent dans la vie quotidienne comme des mouches qui tournent dans une bouteille[1]. Si en plus, il y avait un bouchon …

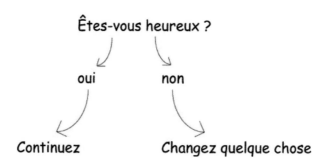

La faille dans le schéma précédent, c'est le « quelque chose » ! Sans connaissance précise de ce qu'il faut changer, procéder au hasard peut être long et coûteux. Et comme nous parlons d'être heureux dans le monde « normal », pas de se retirer dans un monastère, où l'environnement serait figé.

Sinon, autant faire du surf sur une mer d'huile.

Notre sujet est donc : vous aider à réussir le changement auquel vous aspirez.

---

[1] Wittgenstein : « Quel est votre objectif en philosophie ? – montrer à la mouche comment sortir de la bouteille à mouches. »

Quater

> « La nature fait les hommes semblables,
> la vie les rend différents. »
>
> Confucius

LE CADRE

Le cadre est double et peut sembler paradoxal : le bilan de compétences est défini dans le code du travail (décret du 5 avril 1990). Il s'agit donc d'un service qui fait l'objet d'une norme stricte. Dans le même temps, son objectif, en droit et dans les faits, est de permettre à chaque individu de faire des choix concernant sa vie professionnelle, et des choix qui ont un caractère très personnel.

Aujourd'hui encore, après plusieurs réformes de la formation professionnelle et un cadre de plus en plus strict, le bilan de compétences fait figure d'exception dans le dispositif global : le bilan de compétences, l'accompagnement à la validation des acquis de l'expérience (VAE) et l'accompagnement à la création (reprise) d'entreprise, sont des prestations définies comme « individuelles ».

Dans notre long parcours, nous avons connu, expérimenté et pratiqué, des sessions collectives, des interventions jouant sur des dynamiques de groupe. Sans être dépourvus d'intérêt, ces procédés sont difficiles à mettre en œuvre et l'évaluation des résultats aussi. Mise à part la « dynamique de groupe », ces actions collectives étaient un bon moyen de développer un réseau relationnel. Mais avec les progrès des technologies de l'information, et des réseaux comme LinkedIn, entre autres, ce bénéfice est devenu négligeable.

Nous avons aussi accompagné de nombreuses personnes en « mode coaching » : sans méthode préconçue mais avec un objectif final, dans un agenda défini.

En 2020, l'idée du législateur en terme de bilan de compétences est clairement d'imposer un cadre général à un ensemble de cas particuliers. Il n'existe par ailleurs rien d'autre dans le dispositif relevant des fonds de la formation professionnelle qui permettent de résoudre des problèmes aussi divers que « planifier ses prochaines années de carrière », « choisir une formation », « dénouer une situation conflictuelle au travail », « rebondir après un burn out », « trouver l'emploi fait pour moi », « convaincre un recruteur » …

Malgré tout, notre expérience nous montre que les mêmes questions reviennent souvent. S'il nous est impossible, même avec notre recul, de prédire le résultat et le choix final de nos clients, nous pouvons assez bien prédire les étapes et le cheminement.

Il nous semblait donc logique de formaliser les points par lesquels vont passer 80% de nos clients.

Quater

Au delà de notre expérience pratique, nous avons observé que les méthodes de nos confrères suivaient plus ou moins formellement une théorie du choix : l'ADVP. Cette théorie, la seule véritablement aboutie dans ce domaine, la seule qui puisse se vanter d'avoir plus de 40 ans de recul, a donné des mises en application discutables, mais repose sur une observation attentive du processus de choix. La méthode distingue quatre étapes :

1. L'exploration : la recherche et l'accumulation d'informations,

2. La cristallisation : lorsqu'on arrive à saturation d'informations, les données s'arrangent d'elles-mêmes – sans doute inconsciemment – quitte à en éliminer une certaine quantité,

3. La spécification : hiérarchiser et choisir de façon rationnelle entre ce qui reste d'options,

4. La réalisation : l'action ou la planification de l'action[2], la détermination d'objectifs réalisables, motivants et planifiés dans le temps.

Ce découpage n'est pas apparent dans le déroulement de notre méthode, mais il a servi à organiser les contenus des différents supports.

Vous vous engagez dans une démarche de pilotage de votre vie professionnelle : vous allez faire des choix pertinents dans un environnement incertain.

Notre méthode est donc une check-list, qui vous permet d'évoluer en suivant votre rythme naturel sans simplification abusive, en évitant les écueils mais sans rien omettre.

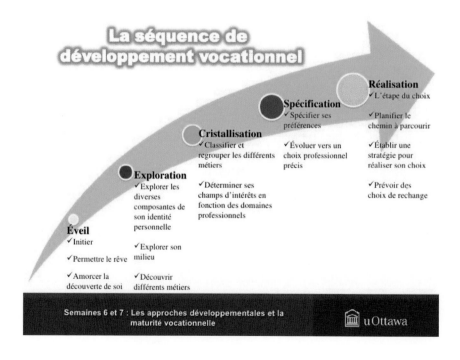

---

[2] Une méthode à succès aujourd'hui dépassée avait inclus le mot « action » dans le nom de sa méthode d'orientation professionnelle, donnant un néologisme amusant : « orientaction ».

Quater

L'INSPIRATION

Notre inspiration c'est vous.

– *J'en ai assez, il faut que cela change !*
– *Ce travail ne me plaît pas et ça fait quinze ans que ça dure. Je ne comprends pas pourquoi je n'ai pas changé avant...*
– *Je n'ai qu'un désir, exercer un autre métier, mais je ne sais pas quoi faire... Je voudrais changer, mais pensez-vous que cela soit raisonnable en ce moment ?*
– *Je m'ennuie tellement, j'aurais dû changer avant, mais je n'ai pas osé...*
– *Je veux changer de vie !*
– *Changer, pourquoi pas, mais si je change, est-ce que je suis sûre de retrouver quelque chose de mieux ?*
– *Je n'ai jamais aimé mon métier, ni mes collègues, ni mon patron ; pourtant j'exerce ce métier depuis 30 ans...*
– *J'ai plein de projets en tête, mais je ne sais pas si cela va marcher*
– *J'ai un rêve, créer ma propre entreprise, mais mon conjoint n'est pas d'accord. Il me dit que je ne suis pas réaliste...*
– *J'en ai parlé à mon responsable des ressources humaines : il m'a répondu que ce n'était pas possible ! Pourtant, c'est vraiment ce que je voudrais faire, enfin je crois...*
– *Je sais que je suis faite pour faire autre chose, mais je ne sais pas quoi !*

Ces phrases ont été si souvent entendues dans le secret d'un entretien avec des personnes venues chercher un conseil pour faire évoluer leur vie professionnelle, qu'elles sont aujourd'hui devenues exemplaires : elles symbolisent le désir de changer. Mal-être, ennui, lassitude, besoin de nouveauté, frustration, mais aussi espoirs, ambitions, aspirations, projets...

Un autre versant du changement, c'est celui qui vous est imposé. Des événements extérieurs, hors de notre contrôle nous imposent de changer ... quelque chose qu'on aurait voulu garder, préserver.

– *J'ai entendu dire qu'on allait fermer la boutique ...*
– *J'adore mon job et j'adore mon boss, mais le nouvel associé, je le sens pas.*
– *Je vous appelle parce que mon responsable RH m'a dit de le faire. C'est dans le cadre d'un PSE ...*
– *Je viens de rentrer d'un congé maternité, et je vais être licenciée : suppression de poste !*
– *Ça fait des années qu'on me promet cette promotion, cette fois je me suis plaint auprès du patron : résultat je suis viré !*
– *Ils ont été très polis, attentionnés même, depuis le tout début de la négociation. Je voulais pas partir mais ils ont été si généreux (les indemnités) : j'ai signé ma rupture conventionnelle.*
– *On a changé de direction, et depuis, c'est l'enfer, et j'en suis malade, vraiment malade.*

Quater

Le changement, sur la durée d'une vie, est quelque chose d'inévitable. Dans les organisations, c'est un sujet des plus classiques : accompagner le changement ! On y débat souvent de la « résistance au changement ». En fait, c'est plus de la résistance à l'oppression : si le changement est subi et pas choisi, il est forcément négatif.

Mais même quand il est choisi, le changement n'est pas facile. C'est la raison pour laquelle nous avons créé cette méthode unique d'accompagnement au changement. Elle est conçue pour un individu qui fait ses choix (avec peut-être aussi des compromis), et pas pour une organisation, dans laquelle une décision prise (un choix fait) s'impose à tous ses membres.

La question de savoir pourquoi, pour quelles raisons, on change, n'est pas si importante. La clé c'est de savoir « pour quoi » (dans quel but) : dès lors qu'on peut définir le but à atteindre, l'objectif souhaité, le changement devient une source de stress positif, et vous prenez le contrôle.

Cette méthode repose sur deux piliers : les supports en eux-mêmes, ce livret étant le premier d'une série de six, et le temps passé avec votre consultant. Les supports doivent répondre à 80% des questions que se posent 80% de nos clients - traiter 80% des sujets qui concernent 80% des gens. Le consultant est là pour vous accompagner sur tout ce qui n'est pas dans les supports. Il peut également vous proposer d'autres supports, lectures, tests et outils.

« Le voyage compte autant que la destination »

Proverbe Zen

Dans le cadre de ce bilan de compétences, vous allez définir un objectif et planifier les actions pour l'atteindre.

Cette démarche a des effets secondaires. Elle vous conduira à travailler sur vous, apprendre sur soi, faire des choix, définir des priorités, apprendre à affirmer ses choix, savoir les expliquer clairement, donner l'image d'une personne qui sait ce qu'elle veut... autant de bénéfices supplémentaires que vous tirerez de l'accompagnement réalisé.

Notre prestation va vous accompagner dans la définition d'un nouveau projet d'évolution professionnelle, mais aura aussi pour effet de vous développer personnellement.

Quater 🍃

- Vous aurez plus confiance en vous ;
- Vous serez plus affirmé dans vos choix ;
- Vous serez capable de mettre en valeur vos talents ;
- Vous serez capable de montrer ce que vous valez vraiment ;
- Vous saurez exprimer clairement ce que vous voulez, aimez, savez faire ;
- Vous serez sûr de vous, plus déterminé que jamais à réussir votre vie.

QU'ALLEZ-VOUS FAIRE À PARTIR DE MAINTENANT ?

« L'homme est l'artisan de sa propre destinée. Ses pensées et ses actes sont les outils avec lesquels il la crée. »
Napoleon Hill

LA PSYCHOLOGIE DU CHANGEMENT

Le but des supports est de vous apporter le minimum d'informations nécessaire pour vous permettre de faire des choix de carrière et entreprendre de piloter le changement que vous souhaitez. Pour atteindre ce but, nous n'hésitons pas à être provocant. Exprimez-vous à ce sujet : votre consultant est là pour ça. Nous essayons aussi de vous saturer en informations, du plus simple au plus compliqué : là encore, ouvrez-vous à votre consultant.

Un problème fréquent depuis un siècle et encore présent, dès lors qu'on envisage de faire des choix, c'est un excès de rationalisme dans l'examen des options. Rationalisme qu'on va appeler réalisme, ou simplement excès de prudence, qu'on va appeler principe de précaution. Derrière certaines attitudes raisonnables, il y ce qu'on appelle des « croyances limitantes » : des idées utiles à un moment, ou que vous avez dû admettre sans en faire un examen attentif, et qui se révéleraient discutables aujourd'hui, voire totalement infondées.

Changer d'attitude ou simplement remettre en cause une seule croyance, cela nécessite un effort conscient, consomme de l'énergie et a des effets importants. Mieux comprendre la psychologie du changement, c'est mieux comprendre les émotions que vous allez ressentir durant un tel processus, c'est aussi apprendre à mieux les gérer. Cela vous permettra d'être plus serein, plus « positif » et de vous ouvrir plus d'options. Et donc multiplier vos chances de réussite.

BONNES PRATIQUES ET BONS MODÈLES

La méthode Quater® et ses supports sont le fruit de toute une carrière, dont près de 20 années consacrées à l'évolution professionnelle, avec plusieurs milliers de personnes accompagnées avec succès, des milliers d'heures d'études, de formation et de mise en pratique d'une grande diversité d'outils. Cette méthode vous apporte les leçons tirées par des milliers de vos prédécesseurs, qui se sont mis en route vers la réussite.

UNE RECETTE ÉPROUVÉE

Notre méthode vous permet d'aller plus vite, et de ne rien oublier en chemin.

Pour réussir son évolution professionnelle, il y a des étapes incontournables et d'autres qui sont optionnelles. Nous avons balisé le chemin.

À chaque étape, vous allez acquérir et compiler de l'information : vous serez questionné, par les livrets et par votre consultant ; vous aurez des actions à mener (recherches, rencontres, etc.).

Ces balises vous permettent d'avancer seul sur une partie du chemin ; elles permettent à votre consultant de passer plus de temps pour explorer avec vous ce qui se trouve en marge du sentier de grande randonnée.

Dans la psychologie de l'engagement, on parle parfois de l'effet corridor : une fois engagé, avec l'objectif d'atteindre le bout du couloir, vous passez devant des portes dont vous ne soupçonniez pas l'existence. Le chemin parcouru est aussi important que le point d'arrivée !

Méthodes de ratissage d'un champ, de la pire à la meilleure

VOTRE CONSULTANT

La méthode est le tissu, votre consultant est le tailleur. En matière de vêtement, l'importance de la coupe n'est plus à rappeler.

Être accompagné et guidé par un professionnel qui a l'expérience de l'accompagnement et du changement, avec des outils pertinents et une écoute personnalisée, voilà qui permet de surmonter de nombreux obstacles et d'amorcer le changement de façon sereine.

Le cabinet Quater, plus qu'une méthode, vous propose un accompagnement sur-mesure, avec un consultant expérimenté, qui vous écoutera sans vous juger. Il vous apportera son soutien, ses conseils et son énergie tout au long de la démarche. Vous ne serez pas seul pour entreprendre le changement.

Quater

VOTRE ENGAGEMENT

Votre engagement est essentiel. Il nous est déjà acquis, sinon, vous n'auriez pas rempli les formalités nécessaires pour cette prestation. Mais pour en souligner l'importance, nous avons repris dans cette page, une version formelle de ce qui est attendu de votre part :

Quater

LES TROIS ENGAGEMENTS QUE VOUS PRENEZ VIS-À-VIS DE VOUS-MÊME ET DE VOTRE CONSULTANT

Pour réussir votre évolution professionnelle, vous devez d'ores et déjà prendre des engagements. Ces engagements sont la clef de votre réussite.

•FAITES DE VOTRE BILAN DE COMPÉTENCES UNE PRIORITÉ

Nous avons tous mille choses à faire : le travail, la famille, le couple, les amis et mille autres choses encore... 24 h n'y suffisent pas. Néanmoins, si vous voulez réussir votre évolution professionnelle, il vous faudra prendre le temps nécessaire. Vous devez prendre du temps pour réfléchir sur vous-même, prendre du temps pour effectuer des recherches, pour faire des rencontres, pour travailler sur vous. Bénéficier de la méthode QUATER® est une chance, mais c'est aussi très exigeant. Cela nécessite un engagement fort de votre part. Telle sera la condition de votre réussite.

•SOYEZ DANS L'ACTION

Cela va avec le premier principe. Le temps consacré à votre bilan de compétences ne se limite pas aux temps de réflexion et de questionnement. Cela vous demande de réaliser des actions très concrètes et très précises. Contacter un professionnel par téléphone pour une « enquête-métier », effectuer une recherche sur un secteur professionnel, visiter une organisation (entreprise, association, administration), démarrer une étude de marché en vue de la création de votre entreprise... autant de démarches à réaliser sans attendre. Agissez et vous réussirez.

•AVANCEZ EN RYTHME

Pour que votre accompagnement soit réussi, il vous faut avancer en rythme. Évitez au maximum de reporter les rendez-vous. Durant votre bilan de compétences, c'est votre bilan qui est prioritaire sur toutes les autres choses. Le bilan est prioritaire, parce qu'il est la clef pour vous construire un avenir qui vous rendra épanoui et heureux. Votre bonheur doit toujours passer avant tout le reste. Apprenez, au moins un temps, à être égoïste, prenez du temps pour vous, prenez du temps pour entreprendre votre bilan de compétences.

Je m'engage librement et publiquement à respecter les trois principes cités ci-dessus.

Date : / /

Signature précédée de la mention «•je m'engage••»

UN BON DÉPART

VOUS AVEZ BIEN FAIT D'AGIR

En vous engageant dans cette démarche, vous êtes mis en action. L'action est bénéfique en elle-même. Nous sommes biologiquement organisé pour agir. C'est une des grandes découvertes de la biologie.

> ## « Un animal, c'est une mémoire qui agit. »
> Henri Laborit

Henri Laborit, après une carrière de médecin militaire s'est consacré à la recherche des bases biologiques des comportements humains. Chemin faisant, il a découvert de nombreuses drogues, au point que les Américains l'ont surnommé un temps : « le plus grand dealer du monde ». Il démontre que les animaux qui, dans l'évolution, se situent en dessous du rat des champs n'ont que deux options pour faire face à une menace : la fuite ou la lutte. Le rat des champs, et les animaux plus évolués, dont les primates et nous-mêmes, ont une troisième option : faire le mort.

Pour le rat des champs, pouvoir faire le mort est d'une importance vitale, dès qu'il est menacé par un rapace (son plus dangereux prédateur). L'œil du rapace est sensible aux mouvements. Si le rat se met à courir, il est à coup sûr repéré, et il a très peu de chance de s'échapper et encore moins d'emporter le combat. Laborit démontre que cette stratégie, pour efficace qu'elle soit (dans le cas du rat contre le rapace) est très coûteuse, et nocive si on y a recours trop souvent : le rat sécrète du cortisol, dont l'effet est d'affaiblir le système immunitaire et d'augmenter la pression artérielle.

Voici un lien vers une vidéo qui montre Henri Laborit dans un extrait du film « Mon Oncle d'Amérique d'Alain Resnais : <HTTPS://YOUTU.BE/7WF_2EUTI3B>

Transposé dans notre vie quotidienne, la découverte de Laborit explique comment une attitude d'inhibition constante et prolongée est à l'origine de la plupart des maladies chroniques dans nos sociétés modernes.

Fort heureusement, on n'est pas obligé de fuir ou de lutter, au sens propre. Prendre la décision de ne plus subir, même si le résultat est différé dans le temps, diminue le stress (et la production de cortisol). Imaginer un plan fonctionne aussi. Ces solutions, même si elles ne sont que provisoires, sont efficaces et rapidement mobilisables.

> ## « Quand le réel nous désespère, la rêverie constitue un facteur de protection. »
> Boris Cyrulnik

CHANGER POUR LE MEILLEUR

« Il y a deux sortes de gens : ceux qui disent qu'ils peuvent ; ceux qui disent qu'ils ne peuvent pas. En général, les deux ont raison. »

Henry Ford

Vous avez décidé de prendre, ou reprendre le contrôle de votre vie professionnelle. Vous avez décidé d'agir pour changer ou d'agir sur le changement. Le simple fait d'avoir pris cette décision contribue déjà à améliorer votre ressenti.

Mais que pouvez-vous attendre de votre décision ? C'est vous qui fixez les limites. Dans un premier temps, le mieux est de faire comme si tout était possible.

Qu'est-ce qui nous fait dire ça ?

Avec notre méthode et son découpage en 6 points, avec votre consultant et son écoute active, vous ne risquez pas de céder aux charmes de la pensée magique : la réalité, ou disons plutôt les contingences du monde qui nous entoure, tout cela se manifestera bien assez tôt.

Dans l'attente, autorisez-vous à rêver, soyez idéaliste. Au moins dans la première partie de la démarche.

Par ailleurs, notre expérience nous a convaincu que nous nous fixons continuellement des limites, sans véritable raison et souvent sans même en avoir conscience.

Les limitations et les peurs héritées de l'enfance, peur de l'échec, peur du rejet, ne se manifestent pas clairement et sont souvent difficiles à cerner. L'image que vous avez de vous peut être facilement déformée par des expériences négatives, et si vous n'y prenez garde, votre estime de soi peut en être affectée. Nous vous donnerons à chaque fois que cela sera possible, un point de vue objectif sur certains éléments qui contribuent à former cette image de soi.

Il y a aussi dans ces limites que nous nous fixons, des règles et des hypothèses que nous n'avons jamais discutées ou remises en question. Sans chercher de racine psychologique, notre représentation du monde, notre philosophie, notre culture, tout cela va conditionner notre perception de la réalité.

Et enfin, il y a tous les biais cognitifs qui vont mettre des embuches dans nos analyses les plus raisonnables.

Quater

Voici un exercice particulièrement édifiant
(emprunté à « Changement » de Paul Watzlawick).

· · ·

· · ·

· · ·

Essayez de joindre les 9 points en traçant seulement quatre lignes et. sans
lever le crayon. Tous les points doivent être traversés par le tracé[3]

Vous avez trouvé !? Bravo ! Pour ceux qui connaissaient déjà la solution, on peut
passer aux biais cognitifs (page suivante).

On peut aussi jouer avec le « Monkey Business Illusion » (en anglais) :
<HTTPS://WWW.YOUTUBE.COM/WATCH?V=UX1CL7THJLI>

(en français) :
<HTTPS://YOUTU.BE/T6NTRT22GQS>

---

[3] *Si vous ne trouvez pas la solution, demandez-la à votre consultant*

Quater

TENIR COMPTE DE LA RÉALITÉ

« Qu'est ce que la réalité : une perception sensorielle imparfaite qui sature en informations approximatives un système nerveux défaillant. »

Mister Robot

La réalité

Il nous faut composer avec un fait difficile à admettre et dont les conséquences, une fois le fait admis, sont difficiles à gérer : ce que nous appelons couramment « réalité » n'est que notre perception de la réalité. Cette idée est à la base de nombreuses techniques de communication interpersonnelle (PNL, systémique …) mais aussi des formations de comédiens (Stanislavski, Actor studio). Les neurosciences confortent cette idée, notamment les observations liées à l'intelligence émotionnelle : l'émotion précède la formation d'une pensée. De fait, le réalisme n'est pas d'une grande aide au début d'une démarche de bilan de compétences. Cette attitude peut même s'avérer contre-productive.

L'approche la plus scientifique de la psychologie présente une longue liste des sources d'erreurs possibles dans notre aptitude à tenir compte de la réalité.

LES BIAIS COGNITIFS[1]

Les biais cognitifs sont des formes de pensée qui dévient de la pensée logique ou rationnelle et qui ont tendance à être systématiquement utilisées dans diverses situations.
Ils constituent des façons rapides et intuitives de porter des jugements ou de prendre des décisions qui sont moins laborieuses qu'un raisonnement analytique qui tiendrait compte de toutes les informations pertinentes.

> ➤ Certains biais s'expliquent par des ressources limitées : comme on manque de temps, d'informations, d'intérêt, (…) pour réaliser l'analyse nécessaire à un jugement rationnel, on prend des raccourcis pour porter un jugement rapide. Ces jugements rapides sont souvent utiles mais sont aussi à la base de jugements erronés typiques.
> ➤ D'autres biais reflètent l'intervention de facteurs psychologiques inconscients : par exemple, le désir de maintenir une image de soi positive ou d'éviter d'avoir deux croyances incompatibles.

---

[1] source <psychomedia.qc.ca>

Voici une liste de 25 biais cognitifs fréquents :

Le biais de confirmation

Le *biais de confirmation* est la tendance, très commune, à ne rechercher et ne prendre en considération que les informations qui confirment les croyances et à ignorer ou discréditer celles qui les contredisent.

Le biais de croyance

Le *biais de croyance* se produit quand le jugement sur la logique d'un argument est biaisé par la croyance en la vérité ou la fausseté de la conclusion. Ainsi, des erreurs de logique seront ignorées si la conclusion correspond aux croyances.

Maintenir certaines croyances peut représenter une motivation très forte : lorsque des croyances sont menacées, le recours à des arguments non vérifiables augmente ; la désinformation, par exemple, mise sur la puissance des croyances.

Le biais d'autocomplaisance

Le *biais d'autocomplaisance* est la tendance à s'attribuer le mérite de ses réussites et à attribuer ses échecs à des facteurs extérieurs défavorables.

L'erreur fondamentale d'attribution

L'*erreur fondamentale d'attribution* est la tendance à surestimer les facteurs personnels (tels que la personnalité) pour expliquer le comportement d'autres personnes et à sous-estimer les facteurs conjoncturels.

L'effet de halo

L'*effet de halo* se produit quand la perception d'une personne ou d'un groupe est influencée par l'opinion que l'on a préalablement pour l'une de ses caractéristiques. Par exemple, une personne de belle apparence physique sera perçue comme intelligente et digne de confiance. L'*effet de notoriété* est aussi un effet de halo.

Le biais rétrospectif

Le *biais rétrospectif* est la tendance à surestimer, une fois un événement survenu, comment on le jugeait prévisible ou probable.

L'excès de confiance

L'*excès de confiance* est la tendance à surestimer ses capacités. Ce biais a été mis en évidence par des expériences en psychologie qui ont montré que, dans divers domaines, beaucoup plus que la moitié des participants estiment avoir de meilleures capacités que la moyenne. Ainsi, plus que la moitié des gens estiment avoir une intelligence supérieure à la moyenne.

Le biais de négativité

Le biais de négativité est la tendance à donner plus de poids aux expériences négatives qu'aux expériences positives et à s'en souvenir davantage.

L'effet Barnum

Le biais de l'*effet Barnum* (ou effet Forer) consiste à accepter une vague description de la personnalité comme s'appliquant spécifiquement à soi-même. Les horoscopes jouent sur ce phénomène.

L'aversion de la dépossession

L'*aversion de la dépossession* (ou *effet de dotation*) désigne une tendance à attribuer une plus grande valeur à un objet que l'on possède qu'à un même objet que l'on ne possède pas. Ainsi, le propriétaire d'une maison pourrait estimer la valeur de celle-ci comme étant plus élevée que ce qu'il serait disposé à payer pour une maison équivalente.

L'illusion de corrélation

L'*illusion de corrélation* consiste à percevoir une relation entre deux événements non reliés ou encore à exagérer une relation qui est faible en réalité. Par exemple, l'association d'une caractéristique particulière chez une personne au fait qu'elle appartienne à un groupe particulier alors que la caractéristique n'a rien à voir avec le fait qu'elle appartienne à ce groupe.

Le biais de cadrage

Le *biais de cadrage* est la tendance à être influencé par la manière dont un problème est présenté. Par ex. la décision d'aller de l'avant ou pas avec une chirurgie peut être affectée par le fait que cette chirurgie soit décrite en termes de taux de succès ou en terme de taux d'échec, même si les deux chiffres fournissent la même information.

Le biais d'ancrage

Le *biais d'ancrage* est la tendance à utiliser indûment une information comme référence. Il s'agit généralement du premier élément d'information acquis sur le sujet. Ce biais peut intervenir, par exemple, dans les négociations, les soldes des magasins ou les menus de restaurants. (Dans les négociations, faire la première offre est avantageux.)

Le biais de représentativité

Le *biais de représentativité* est un raccourci mental qui consiste à porter un jugement à partir de quelques éléments qui ne sont pas nécessairement représentatifs.

Le biais de la disponibilité en mémoire

Le *biais de la disponibilité* en mémoire consiste à porter un jugement sur une probabilité selon la facilité avec laquelle des exemples viennent à l'esprit. Ce biais peut, par exemple, amener à prendre pour fréquent un événement récent.

Le biais de statu quo

Le *biais de statu quo* est la tendance à préférer laisser les choses telles qu'elles sont, un changement apparaissant comme apportant plus de risques et d'inconvénients que d'avantages possibles. Dans divers domaines, ce biais explique des choix qui ne sont pas les plus rationnels. (Un biais se rapprochant du biais de statu quo est celui de la tendance à la justification du système qui se distingue par une plus forte composante motivationnelle.)

Le biais d'omission

Le *biais d'omission* consiste à considérer que causer éventuellement un tort par une action est pire que causer un tort par l'inaction. Ainsi, le biais d'omission pourrait contribuer à expliquer que, dans l'incertitude, certains choisiront de refuser la vaccination pour leurs enfants.

Le biais de faux consensus

Le *biais de faux consensus* est la tendance à croire que les autres sont d'accord avec nous plus qu'ils ne le sont réellement. Ce biais peut être particulièrement présent dans des groupes fermés dans lesquels les membres rencontrent rarement des gens qui divergent d'opinions et qui ont des préférences et des valeurs différentes. Ainsi, des groupes politiques ou religieux peuvent avoir l'impression d'avoir un plus grand soutien qu'ils ne l'ont en réalité.

Quater

La croyance en un monde juste

La *croyance en un monde juste* est la tendance à croire que le monde est juste et que les gens méritent ce qui leur arrive. Des études ont montré que cette croyance répond souvent à un important besoin de sécurité. Différents processus cognitifs entrent en œuvre pour préserver la croyance que la société est juste et équitable malgré les faits qui montrent le contraire.

L'illusion de savoir

L'*illusion de savoir* consiste à se fier à des croyances erronées pour appréhender une réalité et à ne pas chercher à recueillir d'autres informations. La situation est jugée à tort comme étant similaire à d'autres situations connues et la personne réagit de la façon habituelle. Ainsi, une personne pourra sous-exploiter les possibilités d'un nouvel appareil. (Des campagnes électorales qui misent sur l'illusion de compréhension chez les électeurs).

L'effet Dunning-Kruger

L'effet Dunning-Kruger est le résultat de biais cognitifs qui amènent les personnes les moins compétentes à surestimer leurs compétences et les plus compétentes à les sous-estimer. Ce biais a été démontré dans plusieurs domaines.

Le biais de conformisme

Le *biais de conformisme* est la tendance à penser et agir comme les autres le font.

L'effet boomerang

L'*effet boomerang* est le phénomène selon lequel les tentatives de persuasion ont l'effet inverse de celui attendu. Les croyances initiales sont renforcées face à des preuves pourtant contradictoires. Différentes hypothèses sont avancées pour expliquer ce phénomène.

L'illusion de contrôle

L'*illusion de contrôle* est la tendance à croire que nous avons plus de contrôle sur une situation que nous n'en avons réellement. Un exemple extrême est celui du recours aux objets porte-chance.

L'effet de simple exposition

L'*effet de simple exposition* est une augmentation de la probabilité d'un sentiment positif envers quelqu'un ou quelque chose par la simple exposition répétée à cette personne ou cet objet. Ce biais cognitif peut intervenir notamment dans la réponse à la publicité.

Le biais cognitif est un concept différent de celui de distorsion cognitive qui a développé dans le champ de la psychologie clinique.
10 distorsions cognitives qui entretiennent des émotions négatives.

10 distorsions cognitives qui entretiennent des émotions négatives

Le terme *distorsion cognitive* a été introduit en 1967 par le psychiatre américain Aaron T. Beck, pionnier de la psychothérapie cognitivo-comportementale.

Dans son travail avec des personnes atteintes de dépression, Beck a identifié six erreurs systématiques de pensée :

1. **La pensée « tout ou rien » ou « noir ou blanc »**
   Penser de façon dichotomique (polarisée) sans nuance : tout ou rien, noir ou blanc, jamais ou toujours, bon ou mauvais.... Il n'y a pas de place pour le gris. Par ex., se voir comme un raté suite à une mauvaise performance. Cette distorsion est souvent présente dans le perfectionnisme.

2. **L'inférence arbitraire (conclusion hâtive)**
   Tirer des conclusions hâtives (habituellement négatives) à partir de peu d'évidence. Par ex., la *lecture de la pensée d'autrui* consiste à inférer les pensées possibles ou probables d'une personne ; l'*erreur de prévision* consiste à prendre pour des faits des attentes sur la tournure des événements.

3. **La surgénéralisation**
   Tirer une conclusion générale sur la base d'un seul (ou de quelques) incident(s). Par ex., si un événement négatif (tel qu'un échec) se produit, s'attendre à ce qu'il se reproduise constamment.

4. **L'abstraction sélective (ou filtre)**
   Tendance à s'attarder sur des détails négatifs dans une situation, ce qui amène à percevoir négativement l'ensemble de cette situation.

5. **La dramatisation et la minimisation**
   Amplifier l'importance de ses erreurs et de ses lacunes. Considérer un événement désagréable mais banal comme étant intolérable ou une catastrophe. Ou, au contraire, minimiser ses points forts et ses réussites ou considérer un événement heureux comme banal.

6. **La personnalisation**
   Penser à tort être responsable d'événements fâcheux hors de son contrôle ; penser à tort que ce que les autres font est lié à soi.

Par la suite (1980), le psychologue David Burns a identifié quatre autres distorsions :

7. **Le raisonnement émotionnel**
   Prendre pour acquis que des états émotifs correspondent à la réalité. Par ex., considérer la peur comme une attestation du danger ; se dire « je suis stupide » plutôt que « je me sens stupide ».

8. **Les croyances sur ce qui devrait être fait (fausses obligations)**
   Avoir des attentes sur ce que l'on devrait, ou que les autres devraient, faire sans examen du réalisme de ces attentes étant données les capacités et les ressources disponibles dans la situation. Ce qui génère de la culpabilité et des sentiments de frustration, de colère et de ressentiment.

9. **L'étiquetage**
   Utiliser une étiquette, c'est-à-dire un qualificatif qui implique un jugement négatif, de façon qui représente une généralisation à outrance, plutôt que de décrire le comportement spécifique. Par ex.,
   « Je suis un perdant » plutôt que de qualifier l'erreur.

10. **Le blâme**
    Tenir à tort les autres pour responsables de ses émotions ou au contraire se blâmer pour celles des autres.

---

[1] Selon son modèle, les *distorsions cognitives* sont des façons de traiter l'information qui résultent en erreurs de pensée prévisibles ayant souvent pour conséquence d'entretenir des pensées et des émotions négatives.
Elles contribuent ainsi aux troubles émotionnels tels que la dépression et l'anxiété ainsi qu'aux troubles de la personnalité.

TENIR COMPTE DE L'EXPERIENCE

Plus que la réalité, qui sera souvent discutable, ce qui compte, c'est l'information dont on dispose.

« La survie des êtres vivants dépend de l'information convenable ou non qu'ils reçoivent de leur environnement »
Paul Watzlawick

L'INFORMATION ET LES INFORMATIONS

L'information dont vous disposez est un élément capital. Tous les choix que nous faisons dépendent de l'information dont nous disposons. Nous vivons dans une société où nous sommes saturés d'informations. En concevant cette méthode, nous avons voulu vous présenter une information en décalage avec le courant de pensée dominant. Vous pourrez trouver certaines idées inspirantes ou provocantes. N'hésitez pas à en parler avec votre consultant : son rôle est aussi de mettre en perspective les informations contenues dans les supports.

Cette version de la réalité que nous vous proposons est le résultat de plusieurs centaines d'heures de lectures, conférences, formations dans lesquelles nous avons puisé, et que nous avons mises à l'épreuve (expérimentées et sélectionnées) dans notre pratique du conseil en évolution professionnelle.

Les obstacles les plus souvent rencontrés

Ne pas savoir ce qu'on veut

« On a beau être bête, on sait quand même quand on a mal »
(proverbe Briard)

Savoir précisément ce qu'on veut est particulièrement difficile, surtout dans une société où les opportunités sont innombrables. Mais, force est de constater que les personnes qui « ont réussi » ne se posent pas de question sur ce qu'elles « ont réussi ». L'objectif du bilan de compétences est de vous permettre de savoir assez précisément ce que vous voulez, pour que vous puissiez vous engager dans l'action nécessaire pour l'obtenir.

Une étape décisive consiste à cesser de se demander « est-ce que je peux l'avoir ? » et de se demander « comment je peux l'avoir » [2].

---

[2] d'après « Rich Dad, Poor Dad » de Robert Kiyosaki

Quater

Ne pas vouloir payer le prix

Se lancer dans l'action pour atteindre ses objectifs peut avoir quelque chose d'effrayant. Il est en effet difficile d'admettre qu'on peut accomplir quelque chose par sa propre volonté sans ressentir dans le même temps l'imposante responsabilité que cela jette sur nos épaules.

On peut se sentir incapable de relever le défi. A tort ou à raison. Savoir quand renoncer est la question sans doute la plus difficile. Si vous êtes boxeur sur un ring, ce n'est pas vous mais votre coach qui a la responsabilité de jeter l'éponge et de mettre fin au match. Dans la vraie vie, c'est vous qui décidez, et il n'y a pas de cloche à la fin du round ni de fin du match après tant de rounds.

Et toujours le doute : manque de lucidité ou manque de détermination !?

Aversion à la perte

« Choisir c'est renoncer » : sitôt que vous vous engagez dans une direction, vous ressentez une perte : il s'agit des points positifs de votre situation actuelle et aussi, de toutes les options que vous n'aurez pas retenues.

Mais l'expérience prouve que le seul moyen de se créer de véritables options est de se mettre en action. Les coachs en efficacité professionnelle parlent ainsi d'un
« effet corridor » : s'engager en droite ligne vers un objectif fait l'effet de s'enfermer dans un couloir étroit dont le seul débouché est la porte du fond (l'objectif retenu). En pratique, le couloir ouvre sur de nombreuses portes latérales qu'on aurait simplement pas vues si on ne s'était pas engagé.

De sorte que « ne rien planifier, c'est planifier l'échec. » (Brian Tracy).

Quater

Poids des habitudes

Les habitudes sont comme des programmes qui fonctionnent en arrière plan. Une fois qu'on a fini de les coder, de les paramétrer, de les charger ... ils nous font économiser beaucoup de temps, d'effort, de concentration... d'énergie.

Il faut donc un minimum de ressources pour effacer ces routines et en installer d'autres. Si vos habitudes sont des moyens de résistance à un environnement hostile, c'est d'autant plus difficile (ou inapproprié, voire dangereux) d'en changer.

Si vos habitudes sont des vestiges d'une époque révolue, il est conseiller d'en faire une mise à jour.

Groupe de références

Nous sommes des individus uniques : nos empreintes digitales, notre sang et nos gènes sont uniques. En matière de conscience, depuis le néolithique (4 à 6 000 ans avant notre ère) il y a une tendance générale à l'individuation : une conscience accrue de notre personne dans son individualité. Cette évolution présente un intérêt adaptatif, notamment en matière de spécialisation du travail. En plus de chasseur-cueilleur, la première cité historique a besoin de potiers, de menuisiers, de tailleurs de pierre, de forgerons ... et aussi d'astrologues, pour savoir quand semer et quand récolter. Alors que dans une tribu primitive, tout le monde peut savoir faire tout ce qu'il y a faire, ou presque, il est impensable dans notre société de fabriquer soi-même son crayon gris et sa feuille de papier.

Il est tout aussi impensable à notre époque de soigner n'importe quel membre de la tribu en administrant un traitement à n'importe quel autre membre, ni, lorsqu'un crime est commis, de rétablir la justice en punissant un membre de la tribu au hasard (le bouc émissaire).

Malgré ce fait indéniable, l'affirmation croissante des individualités, n'enlève rien à notre histoire d'animal de meute. Aussi, sommes–nous extrêmement (et inconsciemment) dépendants des personnes qui nous entourent, des groupes auxquels nous appartenons, ou simplement des gens que nous côtoyons.

Par exemple, lorsqu'il s'agit de savoir ce que nous voulons, la confusion est fréquente entre nos désirs personnels et ce que nos proches désirent ou ce que la société attend de nous.

La société, le groupe, la famille ont des attentes pas toujours explicites mais bien présentes et pesantes. Et les personnes qui nous côtoient ont une image de nous qu'ils ne sont pas toujours prêts à voir changer. Ou bien ils vont ignorer le changement (les relations les plus lointaines) ou bien ils vont tenter de l'empêcher (nos proches).

Pour nos proches, il peut être important de les associer aux décisions de changement nous concernant.

Quater

Nos proches :

Tant que l'objectif n'est pas clairement arrêté, on peut leur demander conseil et avis sur les options qui se présentent. Il faut bien garder en tête qu'ils ne seront pas décisionnaires : vos proches forment ce qu'on appellerait « un organe consultatif ».

Une fois le projet défini, vous devez le présenter de façon claire et affirmée. Et continuer d'impliquer vos proches en leur demandant leur avis sur le « comment ». Demandez à vos proches comment vous pourriez atteindre l'objectif.

Notre groupe de référence :

Au delà des personnes de notre entourage, il y a une typologie de personne que nous sommes amenés à fréquenter. Il est possible que ce type soit peu favorable voire incompatible avec votre projet : vous devrez dans ce cas vous résoudre à réduire ou abandonner les relations que vous avez les personnes de ce groupe, et nouer de nouvelles relations. Nouer des relations peut être plus ou moins facile selon votre personnalité. Dans tous les cas, il faudra éviter les personnes toxiques, et rechercher des soutiens pour votre projet : des personnes qui pourront vous conseiller et vous appuyer. Il n'est pas nécessaire d'en trouver beaucoup. Le terme de sponsor est tout indiqué, si on pense au maillot d'un sportif : une étiquette, c'est peu, cinq différentes, c'est beaucoup. Et à un moment, le maillot est saturé.

Quater

LA SUITE

« Le diable se cache dans les détails. »
Nietzsche

ou encore

« C'est la précision qui fait la différence.»
Michel Platini

Le bilan de compétences va vous permettre d'avoir un maximum d'informations pour définir un objectif le plus précis possible.

Au final, vous pourrez ne rien changer. Le travail accompli vous aura donné une autre vision des choses. Dans cette nouvelle perception de votre réalité, il n'y aura peut-être plus d'intérêt à changer.

Vous pourrez aussi changer le monde qui vous entoure. Il ne s'agit pas de changer le monde qui nous entoure, mais de changer votre place dans ce monde. Bien sûr, vous trouverez peut-être une façon de vous engager dans une action concrète avec une portée réelle sur certains aspects de notre société.

Mais le plus probable, c'est que vous ne changerez que certains aspects de votre vie professionnelle.

Dans tous les cas, vous aurez changé vous-même. Changé pour mieux. Un simple détail parfois, dont les conséquences sont inestimables.

Quater

Votre prochain entretien

Le premier entretien de travail avec votre consultant est très important, mais vous n'avez rien à préparer.

Si vous voulez prendre de l'avance, vous pouvez éditer le dernier CV à jour que vous rédigé et penser à formuler vos attentes concernant la prestation.

Vous pouvez aussi préparer les questions que vous avez sur ce livret et continuer de vous documenter par d'autres lectures ou en faisant des recherches sur le web.

HISTOIRES PRESQUE VRAIES

On fait toujours le meilleur choix, en fonction de l'information disponible.

Valeria

À 18 ans, Valeria a quitté l'Italie, et sa petite ville ouvrière, pour venir travailler à Paris. Valeria avait un rêve : découvrir le monde. Depuis qu'elle était enfant, elle était fascinée par les langues étrangères. Bac en poche, elle a décidé de tout quitter, sa ville natale, ses parents et son petit ami, pour aller travailler à Disneyland Paris. Elle va tenir successivement tous les postes, de tous les services, de la restauration à l'information des visiteurs. Elle travaillait et apprenait sans arrêt. Ce furent des années difficiles, mais passionnantes.

Finalement, au bout de deux années, elle a découvert que son manque de diplôme lui bouche l'accès aux positions véritablement enviables ou seulement vivables à l'échelle d'une vie : un travail compatible avec une vie sociale, sans parler d'une vie de famille.

Elle a su quitter l'attrait de son univers si vibrant pour retourner dans sa ville industrielle et faire le point. Elle parlait trois langues et décida de se former dans le tourisme, sur la base des informations qu'elle avait : les statistiques du marché du travail, les témoignages de ses collègues et les conseils de sa hiérarchie chez Disney. Encore dix ans de tâtonnements, de déconvenues avec aussi quelques succès, et, alors qu'elle pensait avoir trouvé un équilibre, elle se retrouve dans une impasse.

Le bilan de compétences lui permet alors de découvrir un aspect majeur de sa personnalité qu'elle a jusqu'ici négligé : l'importance de la dimension relationnelle, et son talent pour la vente. Elle dirige aujourd'hui sa boutique et prend grand soin de ses clients.

Lionel va mourir ?

Lionel a 40 ans. Il a fait un début de carrière très brillant dans une organisation particulièrement reconnaissante pour les gagnants et tout à fait impitoyable pour les perdants. Quand son père meurt, il a un coup de déprime, son travail s'en ressent et ses performances baissent. Sans attendre la sanction de son organisation, il décide de lui-même de se reconvertir tout de suite dans un métier plus tranquille. Quatre ans plus tard, il décide de faire un bilan de compétences. Son psy et lui s'étonnent de voir sa petite déprime s'éterniser.

Quand il parle de ses réalisations professionnelles, il y a un avant : plus qu'une longue série de succès, de véritables exploits ! C'est une vraie passion pour le jeu commercial qui se lit dans le visage de Lionel. Et un après : une mécanique monotone que Lionel décrit sans relief.

Il apparaît assez tôt que c'est la sécurité de ce nouvel emploi, et l'absence du moindre défi à relever qui tuent lentement Lionel, et pas le deuil de son père. Avant la fin du bilan, Lionel a repris contact avec ses anciens collègues. Il a décelé une opportunité pour « se remettre en selle ». Bref, il a retrouvé sa véritable nature et a tout mis en œuvre pour trouver à se vendre … sur un poste à sa mesure.

Quater

Parfois, on ne peut simplement pas savoir : l'information manque ou nos sources donnent des informations contradictoires.

Le sentier Martel

Si vous êtes sportif, amateur de randonnées, vous vous souvenez peut-être de votre premier exploit. Pour ma part, j'étais encore enfant lorsque mes cousins plus âgés m'avaient entraîné dans ce qui semblait être la plus grande aventure à vivre durant cet été dans le Verdon : suivre le sentier Martel, descendre au fond du canyon (et remonter). La descente était exaltante, les premiers kilomètres au bord de la rivière, des plus plaisants. Il y a, à peine plus loin qu'à mi-parcours, un endroit où la baignade est praticable sans risque : c'était une pause nécessaire. En repartant, le chemin qui restait à faire semblait terriblement long. Les balises n'apportaient aucun réconfort : il nous restait plusieurs heures à marcher. Nous étions presque seuls dans ce décor vertigineux, et les rares personnes qu'on rencontrait semblaient plus fatiguées que nous. L'idée de rebrousser chemin revenait sans cesse malgré son absurdité : à ce stade le plus court chemin était devant nous. Comme nous avions mangé, et bu, toutes nos provisions, nous avions une réelle nécessité d'aller au bout. Nous avons commencé à nous interroger sur les moyens d'appeler des secours (pas de téléphone portable à l'époque).

Et puis nous avons été rattrapés par un groupe, une petite famille avec au moins trois générations présentes. Ils marchent gaiement en plaisantant et en riant. Le grand-père en voyant ma mine atterrée m'a dit : « personne n'est jamais mort ici ». Et il a ri. Nous les avons suivis et nous sommes arrivés sans dommage. Les informations objectives des guides et des balises (distance, dénivelé, temps moyen de parcours...) nous ont moins servi que la gaîté de cette famille : comme si leur légèreté avait été contagieuse.

Le stage de master

Élisa a fait un semestre en Master II Marketing. Elle a obtenu toute seule un stage dans la meilleure boite de la région : Saint-Gobain. Quand elle se présente au service qui l'a accepté en stage, elle découvre une super ambiance et on lui confie des tâches vraiment passionnantes. Même si des doutes l'assaillent, Elisa n'ose pas faire la moindre objection à ce qu'on lui présente. Mais, à la fin de la semaine, une mise au point semble inévitable : elle fait un stage dans le service ressources humaines. Et ça n'a rien à voir avec le marketing.
« Qu'à cela ne tienne ! » Le DRH décroche son téléphone, appelle la fac, et obtient qu'Elisa poursuive son cursus en RH.
Elisa a fait plus de 25 ans d'une brillante carrière dans les ressources humaines. Mais avant de pousser « la mauvaise porte » chez Saint-Gobain, elle n'avait aucune information pour éclairer ce parcours.

Le poids du groupe de référence

Le « charlatan »

Fils de bonne famille, Henri devait faire des études d'ingénieurs. Il a réussi les concours, mais n'a pas supporté la vie à l'école la plus prestigieuse du pays. Quand il a arrêté ses études, sa famille accablée de honte lui a coupé les vivres. Il a tout de même réussi à faire des études universitaires qui l'ont conduit à un poste de cadre dans l'industrie. Mais une fois qu'il a prouvé à sa famille qu'il était bien au niveau de ses frères, il a une nouvelle fois tout quitté, pour exercer le métier de praticien Reiki. A nouveau, il a connu un rapide succès dans sa nouvelle activité. Jusqu'à ce que quelqu'un (sa famille ?) trouve le moyen de faire engager des poursuites à son encontre, pour exercice illégal de la médecine.

Henri a choisi une fois encore de changer d'environnement : il est parti en Suisse. Il y a maintenant une vie rangée et prospère, mais l'histoire ne dit pas ce que toutes ces ruptures lui ont couté, ni même s'il en souffre encore.

Bruno et sa compagne

Dès sa plus tendre enfance, Bruno avait su en un instant quel métier il voulait faire : le spectacle du bronze en fusion avait décidé de toute sa carrière. Après dix années passées à mouler et fondre des copies des grandes œuvres, il a senti comme un manque : son métier le passionnait toujours, mais passer des heures seul avec ses statues et ses moules ne le nourrissait plus : le travail exigeait tant de dextérité et de concentration, qu'il était impensable de passer du temps à discuter avec les collègues. Par ailleurs, ce métier exigeant, particulier et prenant, impliquait des personnalités particulièrement taciturnes. Et c'était aussi physiquement et nerveusement fatigant. La reconversion de Bruno fut facile : il est devenu orthoprothésiste et il est passé des sculptures parfaites de Rodin aux personnes mutilées. Une fois qu'il a changé de métier, sa compagne n'a pas tardé à le convaincre d'émigrer au Canada. Le changement avait bien pour but de s'ouvrir à de nouveaux horizons. Mais changer, c'est comme faire un accroc dans un tricot : le fil   se démaille et on ne sait plus vraiment où ça va s'arrêter.

Industrie ou services

Quand on travaille dans une « fonction transverse » comme Kevin, technicien en système d'information, on peut être tenté de changer d'entreprise, voire même de secteur d'activité. Kevin avait démarré sa carrière avec brio, passant d'une filiale de Total, à Texas Instrument, puis chez IBM, avec à chaque fois une promotion (et beaucoup de stress aussi). Il a choisi à un moment de sa vie d'avoir plus de sécurité et moins de pression et il a réussi à entrer chez Air France. Son travail n'était ni meilleur ni pire, mais ses anciens collègues étaient tous des intellos, très polis, voire tout à fait raffinés. Les nouveaux lui apparaissaient comme des brutes vulgaires, d'une rare indigence intellectuelle et morale.

Il ne pouvait simplement pas s'intégrer à ce nouveau groupe de référence, pas après être passé dans une entreprise qui, accessoirement, produisait un prix Nobel tous les 4 ans.

Après une remise à plat complète, il a simplement fait marche arrière, pour retourner chez son ancien employeur.

Quater

EN ANNEXE :
LE PROGRAMME DE LA PRESTATION ÉLIGIBLE AU CPF – ANNÉE 2021

Quater

Programme de formation

BILAN DE COMPÉTENCES

Année 2021

Quater

«Imaginer, c'est choisir »
Jean GIONO

SOMMAIRE

Quater

PROGRAMME DE FORMATION « BILAN DE COMPÉTENCES »

❶ OBJECTIFS

Le bilan de compétences a pour objectif de permettre à un salarié, un demandeur d'emploi ou un chef d'entreprise d'identifier *ses aspirations* (ses valeurs, ses besoins, ses éléments de motivation et sa personnalité) et d'analyser *ses compétences* (ses ressources, ses savoirs, savoir faire et savoir être – soft skills - les acquis de son expérience et son talent unique - sa valeur ajoutée) afin de définir un projet professionnel. Ce projet professionnel doit lui permettre d'améliorer son niveau de satisfaction au travail, mais aussi de développer son employabilité et de sécuriser son parcours. Il s'accompagne d'un plan d'action permettant de le mettre en œuvre. Le bilan de compétences est une projection positive vers l'avenir. Il vise également à développer des aptitudes, à s'orienter et à piloter sa carrière de façon autonome.

❷ COMPÉTENCES VISÉES

Le bilan de compétences vise à développer la capacité à prendre des décisions quant à l'orientation de sa carrière professionnelle sur la base d'une meilleure connaissance de soi ((ses valeurs, ses besoins, ses motivations et sa personnalité) et d'une meilleure connaissance de ses compétences (ses ressources, ses savoirs, savoir faire et savoir être, ses soft skills *et* son expérience, sa valeur ajoutée). La capacité à analyser le marché de l'emploi, à détecter les compétences recherchées par les employeurs, à identifier des dispositifs pour se former est également développée dans le cadre du bilan de compétences.

❸ PUBLIC VISÉ ET PRÉREQUIS

Le bilan de compétences s'adresse à tous les publics. Une bonne compréhension de la langue française est nécessaire pour utiliser les supports de formation, répondre aux questionnaires et réaliser les tests. Dans le cas où le bénéficiaire ne maîtriserait pas parfaitement la langue française, un test de français pourra être proposé de façon à adapter la méthode d'accompagnement et le déroulement de la prestation.
Dans certains cas, et sur demande expresse il sera possible de mobiliser un consultant anglophone ou sinophone.

❹ MOYENS PÉDAGOGIQUES, MÉTHODES ET TECHNIQUES D'ENCADREMENT

Durant le bilan de compétences, le bénéficiaire est accompagné par un formateur. Celui-ci peut utiliser notamment les techniques suivantes :

- **Tests spécialisés :** test des motivations et centres d'intérêt, test de personnalités (théories du type et théories du trait, évaluation des *soft skills et des valeurs corporate*, profil entrepreneur, profil vendeur,
- **Questionnaires d'autoévaluation :** questionnaire de hiérarchisation, questionnaire des symboles et des valeurs, questionnaire des besoins,
- **Apports de connaissances :** marché de l'emploi, connaissance des métiers et des formations, des modalités de recrutement, des dispositifs de financement,
- **Enquêtes-métiers :** ces enquêtes ont pour objectif de rencontrer des professionnels des secteurs et/ou des métiers envisagés,
- **Cahiers d'étape :** ces supports, inspirés des étapes de l'ADVP, sont remis à l'issue de chaque séance et rythment le déroulement du bilan de compétences au format pdf ou papier (formation en distanciel asynchrone[1]),
- **Rédaction d'une synthèse :** la synthèse reprend les points structurants de la démarche notamment le projet, les atouts pour réussir ainsi que le plan d'action.

❺ DÉROULEMENT

Le déroulement du bilan de compétences suit les trois phases réglementaires inscrites au Code du travail. La durée de ces différentes phases dépend de la formule de bilan de compétences choisie par le bénéficiaire[2].

1. Phase préliminaire :
a) Analyse de la demande du bénéficiaire,
b) Détermination du format le plus adapté à la situation et au besoin,
c) Définition conjointe des modalités de déroulement du bilan.

2. Phase d'investigation :
a) Bilan personnel et tests d'orientation et de personnalité :
- *Analyse du parcours personnel et professionnel,*
- *Exploration des valeurs, centres d'intérêts, motivations et personnalité,*
- *Réflexion autour des équilibres de vie.*

b) Analyse métier /marché et recherches documentaires :
- *Exploration des voies d'évolution professionnelle possibles,*
- *Analyse des compétences : savoir, savoir-faire et savoir-être,*
- *Identification des « possibles », définition du projet et du plan d'action.*

---

[1] Une formation en distanciel synchrone est une formation via un outil de visioconférence, une formation en distanciel asynchrone est une formation via un document écrit ou une vidéo sans présence du formateur.
[2] Décret n° 2018-1330 du 28 décembre 2018 relatif aux actions de formation et aux bilans de compétences.

Cette phase a pour objectif de permettre au bénéficiaire soit de construire son projet professionnel et d'en vérifier la pertinence, soit d'élaborer une ou plusieurs alternatives.

3. Phase de conclusions :
a) Appropriation des résultats détaillés de la phase d'investigation,
b) Recensement des conditions et moyens favorisant la réalisation du ou des projets professionnels,
c) Définition des modalités et étapes du ou des projets professionnels, dont la possibilité de bénéficier d'un entretien de suivi avec le prestataire de bilan de compétences.

La durée totale du bilan de compétences inclut les temps d'entretien (présentiel ou distanciel synchrone) et les temps de travail guidé à l'aide des livrets (distanciel asynchrone). Les temps de recherches personnelles et ceux consacrés aux enquêtes-métiers ne sont pas inclus dans la durée totale du bilan de compétences.

❻ CONDITIONS DE RÉALISATION DE LA FORMATION À DISTANCE

LES MOYENS D'ORGANISATION DE LA FORMATION À DISTANCE

La formation à distance (en distanciel asynchrone) s'appuie sur des supports de travail dont le nombre varie en fonction de la formule de bilans de compétences choisie. Ces supports contiennent des textes à lire, des exercices à réaliser ainsi que des tests. Ils sont remis à l'issue de chaque entretien au bénéficiaire (par exemple, à l'issue de l'entretien n, on remet au bénéficiaire le livret n+1). Le formateur explique le contenu du livret et donne les consignes au bénéficiaire oralement. En suivant le support, le bénéficiaire lit les textes, réalise les tests et les exercices en suivant les consignes indiquées.

ACCOMPAGNEMENT ET ASSISTANCE PÉDAGOGIQUES ET TECHNIQUES

L'accompagnement et l'assistance sont assurés par le même formateur que celui qui réalise le bilan de compétences. Cet accompagnement et cette assistance se font par email ou, en cas d'urgence, par téléphone. Les coordonnées du formateur sont données au bénéficiaire au démarrage de la formation. Le formateur doit répondre dans un délai de 48h. En cas d'impossibilité à joindre le formateur et passé ce délai, le bénéficiaire peut joindre le responsable pédagogique dont les coordonnées sont indiquées dans le Livret d'accueil.

Le cabinet Quater s'assure que le formateur dispose des compétences nécessaires pour assurer l'accompagnement et l'assistance de la formation à distance. Une formation doit être suivie par tout formateur désireux de réaliser un bilan de compétences pour Quater®. Cette formation s'intitule « Accompagner un bilan de compétences ». Elle est sanctionnée par l'attribution d'un certificat de compétences. Cette formation concerne l'accompagnement d'un bilan de compétences en « présentiel » ou « distanciel ».

Quater 🍃

LES SUPPORTS DE LA MÉTHODE DE BILAN DE COMPÉTENCES QUATER®

Étape 1 : Changements	Étape 2 : Sens et valeurs	Étape 3 : Besoins & types de personnalités

Étape 4 : Analyse des possibles	Étape 5 : Ressources, aptitudes et compétences	Étape 6 : Détermination d'objectif et plan d'action

❼ MOYENS PERMETTANT DE SUIVRE L'EXÉCUTION DE L'ACTION ET SES RÉSULTATS

- À l'issue du bilan de compétences, une synthèse de son bilan de compétences est remise au bénéficiaire,
- Au cours du bilan de compétences, le bénéficiaire remplit une attestation de présence,
- À l'issue du bilan de compétences, le bénéficiaire remplit un questionnaire de satisfaction lui permettant d'évaluer les apports de la formation,
- Il répond également à un Quizz d'évaluation des connaissances,
- Six mois après la remise de la synthèse, le formateur reprend contact avec le bénéficiaire pour faire un point sur son projet, ses freins et ses réussites au cours d'un entretien (physique ou téléphonique),
- Enfin, une fois par an, le cabinet Quater réalise une grande enquête sur l'avenir des bénéficiaires de bilans de compétences : « *Où en êtes-vous ?* »

⑧ PERSONNES EN SITUATION DE HANDICAP

La prestation est ouverte à tout public. Pour les personnes en situation de handicap, les locaux sont accessibles aux personnes à mobilité réduite. Quand l'accès aux locaux n'est pas possible, une solution est systématiquement recherchée. En dernier recours et avec l'acceptation du bénéficiaire, la formation pourra être réalisée entièrement à distance (en distanciel synchrone).

⑨ MODALITÉS ET DÉLAIS D'ACCÈS

Toute demande de prestation s'accompagne de la transmission d'un devis précisant le montant (TTC) de la prestation, ainsi que ses dates de réalisation. Le devis est transmis sous format électronique par email ou par voie dématérialisée par le biais de l'application moncompteformation.gouv.fr. La prestation, après acceptation du devis et signature du contrat ou de la convention de formation, peut démarrer en respectant un délai moyen de 14 jours calendaires. Renseignez-vous auprès de votre formateur référent pour mettre en place le planning de votre bilan de compétences.

⑩ TARIF

Le prix varie en fonction des modalités et du nombre d'heures en face à face (ou distanciel synchrone). Il est indiqué dans le devis joint, ou dans la commande CPF, adressée via moncompteformation.gouv.fr (cette offre de formation est éligible au CPF, Compte Personnel de Formation).

Coordonnées de l'organisme de formation

Quater SARL

Organisme de formation enregistré sous le numéro 93 06 08761 06, auprès du Préfet de la Région PACA. Le numéro SIRET de l'organisme de formation est le 443 180 195 000 44, son adresse postale : 455 promenade des Anglais – CS 13326 - 06206 Nice cedex 3.

Contact : 09 53 27 04 14 - info@orientation-nice.group

www.quater.fr

www.orientation-nice.group

RÉSULTATS DES ENQUÊTES DE SATISFACTION

Le cabinet Quater existe depuis 2002. L'historique des deux dernières années est agrégé aux résultats avancés par le réseau Orient'Action. Les résultats indiqués ici ont du être en parti tirés des résultats produits par la marque. Soient par **620 bénéficiaires** ayant terminé leur bilan de compétences entre le 01/01/2020 et le 30/04/2020, et **2872 bénéficiaires** ayant répondu à l'enquête 2019.

☑ NIVEAU DE SATISFACTION DU BILAN DE COMPÉTENCES :

- **La moitié des bénéficiaires** (10/20) attribue une note de 20/20 à leur bilan de compétences réalisé avec Quater,
- **Un bénéficiaire sur cinq** (4/20) attribue une note de 18/20 à leur bilan de compétences réalisé avec Quater,
- **Trois bénéficiaires sur vingt** (3/20) attribuent une note de 16/20 à leur bilan de compétences réalisé avec Quater,
- **Un bénéficiaire sur 10** (2/20) attribue une note de 14/20 à leur bilan de compétences réalisé avec Quater,
- **Un bénéficiaire sur vingt** (1/20) attribue une note de 12/20 à leur bilan de compétences réalisé avec Quater.

Soient de 20/20 des notes au dessus de la moyenne. Mais comme il faut toujours s'améliorer, le cabinet Quater continuera à travailler pour améliorer encore les résultats des bilans de compétences.

☑ CE QUE LE BILAN DE COMPÉTENCES APPORTE LE PLUS

- **88,4% des bénéficiaires** considèrent que le bilan de compétences leur a apporté une meilleure connaissance de leurs aspirations (valeurs, personnalité, besoins),
- **82,8% des bénéficiaires** considèrent que le bilan de compétences leur a apporté une meilleure connaissance de leurs compétences (savoirs, savoir-être, savoir-faire),
- **74,6% des bénéficiaires** considèrent que le bilan de compétences leur a apporté plus de confiance en soi et une manière plus positive de regarder leur parcours professionnel,
- **66,5% des bénéficiaires** considèrent que le bilan de compétences leur a permis de clarifier leur projet professionnel (et personnel),
- **34% des bénéficiaires** considèrent que le bilan de compétences leur a donné l'envie de progresser dans leur carrière et de développer leur employabilité,
- **31,9% des bénéficiaires** considèrent que le bilan de compétences leur a donné l'envie de se former et/ou d'accéder à un niveau supérieur de diplôme,
- **18,5% des bénéficiaires** considèrent que le bilan de compétences leur a permis d'avoir une meilleure connaissance des métiers.

Pour le cabinet Quater, l'objectif du bilan de compétences est de mieux connaître ses aspirations (valeurs, besoins, personnalité) et ses compétences afin de définir un projet professionnel et personnel enthousiasmant, réaliste et épanouissant.

▢ ENQUÊTES-MÉTIERS

- **75% des bénéficiaires** ont réalisé au moins une enquête-métier durant leur bilan de compétences.

▢ TYPE DE PROJET CHOISI À L'ISSUE DU BILAN DE COMPÉTENCES

À l'issue du bilan de compétences :

- **50,4% des bénéficiaires** ont choisi d'entreprendre une formation pour se reconvertir. À l'issue du bilan de compétences, ils avaient déterminé quelle(s) formation(s) suivre et comment la (les) financer,
- **16,8% des bénéficiaires** ont choisi d'entreprendre une rupture conventionnelle afin de changer d'employeur et retrouver un contexte de travail correspondant mieux à leurs aspirations et à leurs compétences,
- **15,3% des bénéficiaires** ont choisi de créer ou de reprendre une entreprise,
- **13% des bénéficiaires** ont choisi de rester au même poste, mais de changer leur regard sur leur situation professionnelle et/ou personnelle,
- **11,5% des bénéficiaires** ont choisi de créer une activité en parallèle de leur travail actuel (double activité avec auto-entreprise),
- **10,5% des bénéficiaires** ont choisi d'évoluer en interne vers un nouveau poste,
- **5,5% des bénéficiaires** ont choisi d'évoluer en interne en obtenant une promotion,
- **5,5% des bénéficiaires** ont choisi de rester au même poste tout en proposant un projet à leur direction,
- **4,7% des bénéficiaires** ont choisi de prendre plus de responsabilités dans le domaine associatif, syndical ou politique (activité complémentaire),
- **1,1% des bénéficiaires** ont choisi de prendre une année sabbatique.

Pour le cabinet Quater, l'objectif du bilan de compétences n'est pas de changer de métier de façon systématique, mais plutôt de créer les conditions d'un nouvel équilibre plus motivant et plus épanouissant tout en développant l'employabilité et en sécurisant le parcours de la personne. Concernant ces résultats et les cas rapportés plus bas, il faut souligner que le cabinet Quater n'a pas l'ambition d'industrialiser le bilan de compétences, mais bien de produire un accompagnement de qualité pour chacun de ses clients, aussi votre consultant aura au moins en mémoire les cas des 30 personnes accompagnées au cours des 12 ou 18 derniers mois : pensez à lui poser les questions qui comptent pour vous.

Le consultant en bilan de compétences est tenu au secret professionnel, régit par le code pénal. Les cas rapporté ont été suffisamment déformés pour éviter toute identification. Leur exemplarité n'a pas été altérée.

EXEMPLES DE PERSONNES AYANT RÉALISÉ UN BILAN DE COMPÉTENCES

MARION, 32 ANS, RESPONSABLE MARKETING

Marion a 32 ans. Elle se marie dans trois semaines. Avec son mari, elle fait construire une maison en bois. Elle travaille comme responsable marketing dans une Mutuelle Santé. Dans un contexte de fusion entre différentes entités, on lui conseille de réaliser un bilan de compétences pour construire son plan de carrière. Construire, c'est le mot du moment ! Marion a un rêve, diriger un restaurant. Mais elle se pose mille questions. Car elle veut avoir des enfants, trois si possible. Est-ce possible d'avoir des enfants et de diriger une entreprise ? Marion est perdue. C'est pour cette raison qu'elle vient consulter Quater.

ORLANDO, 41 ANS DIRECTEUR D'UN CENTRE DE PROFIT

Orlando dirige un centre de profit depuis cinq ans. C'est un autodidacte qui a gravi les échelons. Il aime son métier. Il réfléchit à comment progresser car au niveau local, son entreprise ne peut plus lui offrir de nouvelles opportunités. N'ayant aucun diplôme en dehors du Bac, il se sent mal armé pour proposer ses compétences à l'extérieur. Il hésite à refaire une formation ou une Validation des Acquis de l'Expérience. Pour construire un projet d'évolution professionnelle solide, il décide de contacter Quater.

EMERIC, 53 ANS CRÉATEUR D'ENTREPRISE

À 53 ans, Emeric a signé une rupture conventionnelle avec son employeur. Ce dernier souhaitait réduire ses effectifs et le poste de Emeric avait été jugé non stratégique. Évidemment, retrouver un emploi n'a pas été une chose facile pour Emeric. C'est pourquoi il a décidé de créer son entreprise. Il lui reste dix belles années de travail devant lui, l'occasion de se reconvertir dans un métier qui a réellement du sens pour lui. Il a négocié, dans le cadre de sa rupture conventionnelle, un accompagnement en bilan de compétences et outplacement. Pour l'accompagner, il a choisi Quater.

SOPHIE, 59 ANS DIRECTRICE DES RESSOURCES HUMAINES

Sophie a fait une longue carrière dans les ressources humaines. À la fin de sa carrière, elle était DRH, un métier qui l'a longtemps passionnée et auquel elle a consacré beaucoup de temps et d'énergie. À la suite d'un problème de santé, elle prend conscience de ses véritables envies. Elle souhaite apporter son aide aux gens, les aider à se sentir mieux dans leur tête et dans leur corps, tout en donnant une nouvelle impulsion à sa carrière, d'autant plus qu'elle n'a aucune envie d'être à la retraite. Sophie se voit encore travailler à 80 ans. Pour construire son projet, elle fait appel à Quater.

Ouater

LES 5 FAÇONS DE FINANCER UN BILAN DE COMPÉTENCES

❶ VIA LE CPF

Depuis le 1er janvier 2017, le bilan de compétences peut être financé dans le cadre du CPF (Compte personnel de formation). Procédure simplifiée, confidentialité vis-à-vis de l'employeur, délai rapide d'acceptation du dossier, le CPF est le moyen idéal pour financer un bilan de compétences. Le CPF est aussi mobilisable par les agents de la fonction publique et les chefs d'entreprise. Depuis le 19 novembre 2019, la demande de financement se fait directement via l'application mon CPF ou le site : https://www.moncompteformation.gouv.fr/

À noter : les agents de la fonction publique d'État et territoriale doivent adresser leur demande à leur administration et les agents de la fonction publique hospitalière doivent adresser leur demande à l'ANFH.

❷ VIA LE PLAN DE DÉVELOPPEMENT DES COMPÉTENCES

Le bilan de compétences peut être financé via le « Plan de Développement des Compétences » de votre employeur (entreprise, association, collectivités). Vous bénéficiez alors du financement intégral de la prestation.

❸ VIA PÔLE EMPLOI

Le bilan de compétences peut être financé via l'Aide Individuelle à la Formation (AIF) par le biais de Pôle emploi. En tant que demandeur d'emploi, vous avez aussi le droit de réaliser un bilan de compétences pour redéfinir votre projet professionnel et rebondir plus rapidement.

❹ VIA LE FINANCEMENT PERSONNEL

C'est la solution la plus simple et la plus rapide pour financer son bilan de compétences, sans inconvénients et longueurs administratifs.

❺ AUTRES SOLUTIONS DE FINANCEMENT

Le bilan de compétences peut également être financé via d'autres dispositifs, notamment via l'AGEFIPH pour les personnes en situation de handicap ou via le service social de la CARSAT (Caisse de retraite et de prévoyance). Certains dispositifs spécifiques régionaux ou départementaux permettent également de financer cette prestation.

POUR EN SAVOIR PLUS SUR QUATER®

Le site web du cabinet : WWW.QUATER.FR

FACEBOOK : https://www.facebook.com/QuaterNice/

GOOGLE : https://www.facebook.com/QuaterNice

QUATER SARL « ORIENT@TION NICE »

Organisme de formation enregistré sous le numéro 93 06 08 761 06 auprès du Préfet de la Région PACA. Le numéro SIREN de l'organisme de formation est le 443 180 195 000 44, son adresse est Porte de l'Arénas, Hall C, 6ème étage, 455 promenade des Anglais à Nice (06200).

Et son fondateur : Jean Christophe Aicard

LINKEDIN : https://www.linkedin.com/in/jc-aicard

A propos de Jean Christophe Aicard

De formation scientifique, il découvre dès 1988, avec ses deux équipes de moins de 50 pers. les enjeux du management. Quater années plus tard, alors qu'il suit une session d'orientation active (SOA) en tant que demandeur d'emploi, Jean Christophe Aicard se révèle être particulièrement doué pour la communication interpersonnelle. Passionné par le comportement humain, il passe et obtient le concours d'entrée à l'ANPE, institution dans laquelle il restera 10 ans.

Gagné par l'ennui généré, non pas de son contact avec les demandeurs d'emploi, mais par les contraintes de l'institution publique qu'il qualifie de mortifère, il décide de créer en 2002 son propre cabinet, QUATER, expert en évolution professionnelle. Il vit alors à Paris. Sa région natale lui manque, un attachement qu'il doit peut-être à son aïeul, le poète Jean Aicard. Il s'installe à Nice en 2014 où il décide de baser l'essentiel de ses activités.

Devant le poids croissant des normes et des réglementations, il engage son cabinet dans les démarches de « qualité » promues par les pouvoirs publics et obtient son référencement dans le DataDock et la plateforme CPF, en attendant la certification Qualiopi.

Quater

Printed by Amazon Italia Logistica S.r.l.
Torrazza Piemonte (TO), Italy

56729061R00029